푸른 책에 밑줄 긋다

이태희 디카시집

도서출판 상상인

푸른 책에 밑줄 긋다

작가의 말

두 번째 디카시집을 펴낸다
두 해 동안 금요일마다 인터넷 신문에 올렸던 작품에서 골랐다

매일 사진 찍는 일은 일상이 되었고
매주 디카시 올리는 일은 소확행이 되었다

디카시는 세상이라는 책에 밑줄 긋는 작업이다
수수만년 읽어도 닳지 않는 책 속으로 오늘도 떠난다

2025년 가을에
이태희

차례

1부
봄

봄 마중	13
장자의 꿈	15
얼레지	16
변신	18
무대	21
우듬지	23
경계	24
어떤 방생	26
갈치의 생애	29
달팽이 속도	31
개태사 철확	33
풍금에게	34
예술론	36
해를 기다리는 마음	38
하늘은 책이다	40

2부

여름

지리산 고사목	44
괜찮아	47
연꽃을 보다	49
연꽃의 거리	50
방문객	52
허물	55
비행운	57
등대는	58
파무	60
폭포	63
돌탑	64
상흔	67
어떤 장례식	68
청개구리 시절	70
여름 모과	73

3부

가을

가을이 눕는다	76
물든다는 것	78
밤꽃	80
여명의 시간	83
분꽃의 말	84
빈자리	87
붓꽃	88
등축제에서	91
맨 뒤의 하늘	92
태양 흑점	94
해와 사마귀	97
외발 서기	99
염소의 아침	100
모과 향은 어디에서 오는가 1	102
모과 향은 어디에서 오는가 2	105

4부

겨울

백록담에 올라	109
설악을 바라보며	111
겨울나무	112
겨울나무에게	114
길에 관한 생각	117
화산을 품다	118
이것은 초승달이 아니다	121
푸른 신호등	123
붉은 신호등	124
돌의 표정	126
갈매기 영토	129
동행	130
물방울 명상	133
코스모스 바닷가	134
봄을 기다리며	137

해설　계절 감각과 활달한 상상력의 대위법　139
김종회(문학평론가, 한국디카시인협회 회장)

1부

봄

봄 마중

먼 산 흰 눈 이마에 차고
봄 산 마른 솔잎 눈썹에 젖다
호수의 오리들 자맥질에 가슴이 뛰고
물가의 진달래 까치발로 섰다

그렇게 봄이 왔다

장자의 꿈

꽃인가 나비인가
씨앗인가 열매인가
꿈인가 생시인가

미망의 길 위에
신기루 같은 생

얼레지

치마를 펼치고 고개를 숙인 처녀

얼레리꼴레리 얼레리꼴레리
누구누구는 누구누구랑 뭐 뭐 했대요

사람과 사람 사이에 노래가 있다
사람과 노래 사이에 사랑이 있다

변신

사랑이 어떻게 변하니?
변하지 않는 사랑도 있니?

꽃치자는 말한다
꽃도 사랑도 생물이라네!

무대

모든 중력을 이기며 한 송이 꽃을 피운다
모든 부력을 견디며 한 생애 밀어 올린다

너도나도
가끔은 주목받는 生이고 싶다*

* 오규원 시집 『가끔은 주목받는 생이고 싶다』 중.

우듬지

얼마나 가벼워야 앉을 수 있을까

얼마나 비워야 흔들리지 않을까

경계

누가 보고 있다 누가 다가온다
잡으려는가 먹이를 주려는가

눈길과 눈길이 마주친다
정처 없음의 슬픔*과 마주친다

경계境界에서 경계警戒하는

* 박경리의 시 「도시의 고양이들」에서 차용.

어떤 방생

놓아 주기 위해 잡았는가
잡기 위해 놓아 주는가

누군가의 손맛을 위해
네가 잠시 누웠던 흔적이
아 리 다

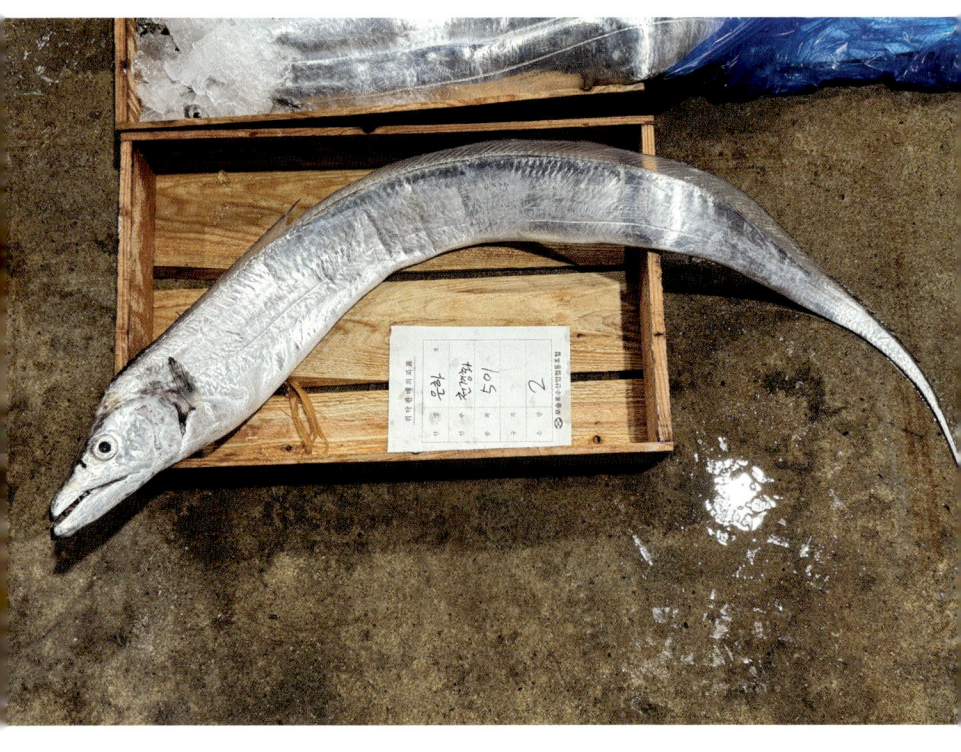

갈치의 생애

깊은 바다를 누비고
푸른 파도를 가르고
은빛 찬란히 오르며

칼같이 살아온
한 생애가 누워 있다

달팽이 속도

느릿 느릿 달팽이 간다
오월의 보도블록 위로 간다

급한 일 없다는 표정으로
서둘 일 없다는 몸짓으로

그러나 온몸으로 전력 질주한다

개태사 철확

얼마나 많은 밥을 지었을까
얼마나 많은 국을 끓였을까

어디선가 굶주리는 사람이 있다는데
어디선가 굶어 죽는 사람이 있다는데

우리는 얼마나 큰 솥을 가지고 있는 걸까

풍금에게

너를 버리지 못한다
낡아 가는 것이 아니라
함께 늙어 가는 중이다

함께 부른 노래가
귓전을 맴돈다

예술론

따뜻하고 섬세한 손길로
세상 디뎌온 삶의 각질을
깎고 다듬고 문지른다

나는 묻는다
예술이란 무엇인가

해를 기다리는 마음

무엇이 우리를 줄 세우는가
우리는 무엇을 기다리는가

떠오르는 해는 하나지만
기다리는 해는 수천수만이다

하늘은 책이다

푸른 책에 흰 밑줄 긋는다
시나브로 지워진다
하늘은 만인의 책
수수만년 읽어도 닳지 않는다

2부

여름

지리산 고사목

너는 죽지 않았다

몸으로 살아온 백 년
혼으로 살아갈 천 년

카랑카랑한 정신으로
너는 살아 있다

괜찮아

해가 없어도 괜찮아
달이 없어도 괜찮아
날이 흐려도 괜찮아

그리움의 파도가 나를 침식하더라도
너를 기다릴 수 있다면

연꽃을 보다

맑고 밝은 한 떨기 꽃을
진흙 바닥에 내린 뿌리를
잦은 바람 견뎌낸 꽃대를
묵묵히 밀어 올린 연잎을

불굴의 한 생애를 보다

연꽃의 거리

뭉쳐서 함께 피지 않는다
흩어져 홀로 피지 않는다

저만큼의 거리에서
한 송이씩 피워올린다

너와 나, 인연의 거리

방문객

누군가 다녀간다

한 치의 흔들림도 없다
환영할 겨를도 없다

그러나 찰나의 만남은
무수한 기억의 점으로 남는다

허물

허물없는 몸이 어디 있으랴
오늘도 겹겹이 쌓이는 누추

한 겹 한 겹 벗겨내면
허물은 허물이 아니다*

* 김왕노 시인의 디카시 「탄생의 서」에서 차용.

비행운

막막한 허공을 날아본 적이 있는가
빽빽한 숲을 헤쳐본 적이 있는가
열사의 사막을 횡단한 적이 있는가
망망대해 건너본 적이 있는가

그대 온몸으로 생애를 건너고 있는가

등대는

외롭다
기다린다
비춘다

아름답다

파문

한 점 돌멩이에도
한 줄기 바람에도
한 가닥 입김에도

파문이 인다

폭포

망설이지 않는다
돌아서지 않는다
머뭇거리지 않는다

두려워하지 않는다

돌탑

언젠가 무너지더라도 소망은 끝없다
언젠가 헤어지더라도 사랑은 뜨겁다
언젠가 끝날지라도 삶은 무던하다

찰나의 돌탑을 감싸고 도는
천년의 물, 바람, 하늘

상흔

시간이 지나도 아물지 않고
세월이 흘러도 잊히지 않고
역사가 바뀌어도 지워지지 않는

그 깊은 상처를 안고도
오, 살아 있는 나무여

어떤 장례식

견고한 화강암 계단 위
일사불란한 장례 행장

모든 죽음은 장엄하다

청개구리 시절

어디로 튈지 모르던 시절
무엇을 할지 모르던 시절

어미 속을 무던히 썩이던 시절
지금은 돌아갈 수 없는 그 시절

여름 모과

미상불, 배꼽의 꽃받침도 떨어지지 않았다
이제 너는 풋내를 벗고 향기로워야 한다

햇빛 달빛 견뎌내고 비바람에 씻겨야 한다
무릇 한 시절 그렇게 익어가야 한다

묵언 속에 절차탁마해야 할 나의 디카시!

3부

가을

가을이 눕는다

봄부터 가을까지 얼마나 흔들렸는가
비와 바람과 햇살과 구름의 세월 지나고

떠나야 할 때 떠나는 것은
얼마나 아름다운가*

* 이형기 시인의 「낙화」에서 차용.

물든다는 것

연두에서 초록으로 빨강으로
한세상 원 없이 흔들어보고
한 점 미련 없이 자신을 바꾸는
저 완벽한 변신!

밤꽃

밤에 피어 밤꽃인가
밤나무에 피어 밤꽃인가
밤에도 밤나무 낮에도 밤나무
밤에도 밤꽃 낮에도 밤꽃
밤에도 낮에도 그윽한 향기

여명의 시간

해와 아침을 기다리듯

누군가를 생각한다
누군가를 그리워한다

눈부시지 않아도 찬란하다

분꽃의 말

여물기 위해

때론

침묵해야 한다

빈자리

빠져나간 자리가 더 넓다
있는 것보다 없는 것이 더 크다

네가 떠난 순간
우주는 텅 빈다

붓꽃

얼마나 많은 붓이 지나야 그림이 완성되는가

얼마나 많은 풍파를 겪어야 꽃으로 피어나는가

등축제에서

불과 물이 만나고
빛과 어둠이 만난다

밝아서 빛나고
어두워서 빛난다

저 아름다운 혼례

맨 뒤의 하늘

밝다 어둡다 검다 환하다 맑다 흐리다
붉다 푸르다 낮다 높다 깊다 찌푸리다

하늘은 변화무쌍 천의 얼굴을 가졌지만
맨 뒤의 하늘은 표정 한번 바꾸지 않는다

신이 존재한다면 신도 그럴 것이다

태양 흑점

저 뜨거운 가슴에도
차가운 구석이 있다니

저 불타는 마음에도
시린 구석이 있다니

기억하라, 모오든 밝음 속의 어둠을

해와 사마귀

수레를 막지 않는다
해와 겨루지 않는다
저무는 태양을 본다
저무는 하루를 본다
나의 밤이 오고 있다

외발 서기

때로 외발로 서야 한다
흔들리지 말자

때로 홀로 견뎌야 한다
외로워하지 말자

염소의 아침

연길 천변의 어느 새벽 시장
누군가에게 신선한 아침을 전한다

오랜 시간 함께한 부부가 닮아가듯
염소와 아저씨의 표정이 닮았다

모과 향은 어디에서 오는가 1

몇 달 전 봄꽃으로부터 오는가
수십 년 뿌리로부터 오는가
수만 년 바람으로부터 오는가
수억 년 햇빛으로부터 오는가

모과 한 알에 온 우주가 스며 있다

모과 향은 어디에서 오는가 2

상강 무렵 서리 맞으며
소설 무렵 첫눈 맞으며
겹겹의 세파를 안으로 새기고
땅 위에 내려앉을 때

모과의 생애가 완성된다

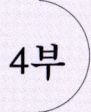

4부

겨울

백록담에 올라

흰 사슴이 없고
조찰한 물이 없어도*

향기로운 흙 가슴만으로**
너는 장엄하다

* 정지용 「백록담」에서.
** 신동엽 「껍데기는 가라」에서.

설악을 바라보며

설산에 가고 싶다
무뎌진 정신이 세파에 휘둘릴 때
서릿발 칼날진 고원* 위에서
한철 머리에 눈을 얹고
팽팽한 하늘과 마주하고 싶다

* 이육사 「절정」에서 인용.

겨울나무

잎도 열매도 다 떠난 시절
봄을 기다리지 않는다

푸르고 투명한 창공 속으로
내 고독의 뿌리를 뻗는다

겨울나무에게

퍽 미안하다

길에 관한 생각

길은, 가면 뒤에 있다*는
어느 시인의 말은 수정되어야 한다

길은 누군가 여는 것이다
길은 누군가 뚫는 것이다

* 황지우 시집 『나는 너다』에서 차용.

화산을 품다

섬이 호수를 품고 있다
호수가 섬을 품고 있다*

언젠가 폭발할 것이다
언젠가 타오를 것이다

저마다 화산을 품고 산다

* 필리핀 타알호수 내부의 화산섬.

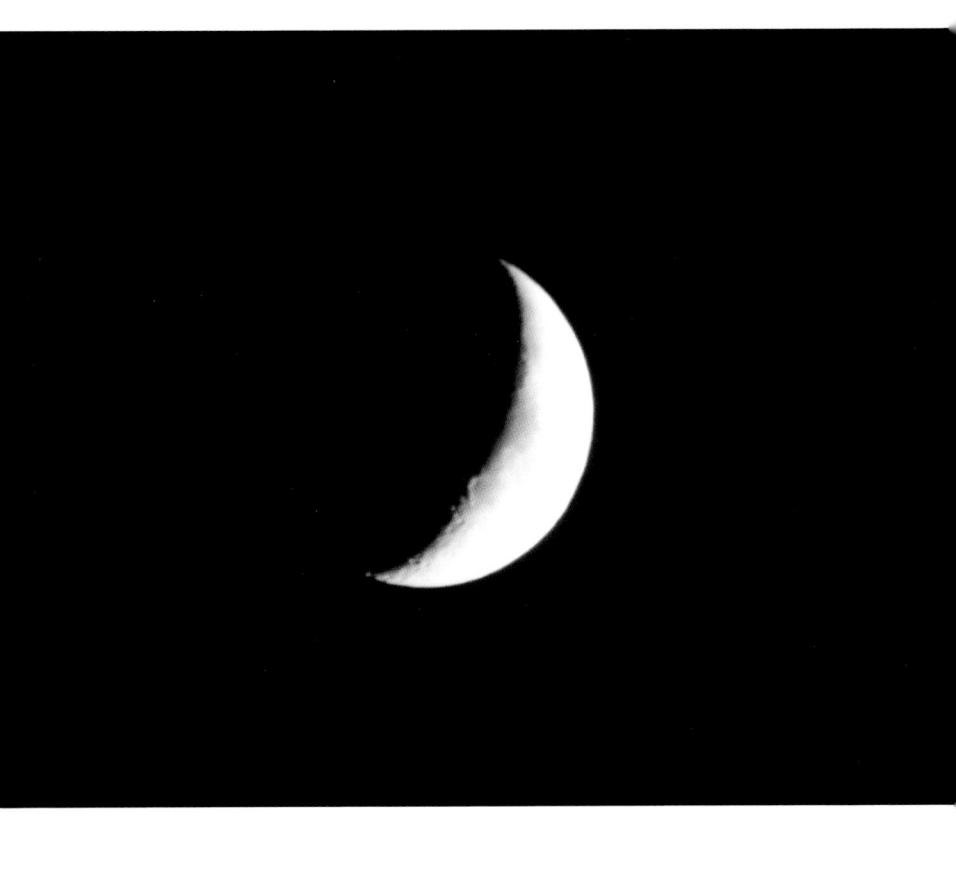

이것은 초승달이 아니다

무엇을 보는가
무엇을 느끼는가
무엇을 생각하는가
무엇을 상상하는가

그것이 당신의 우주다

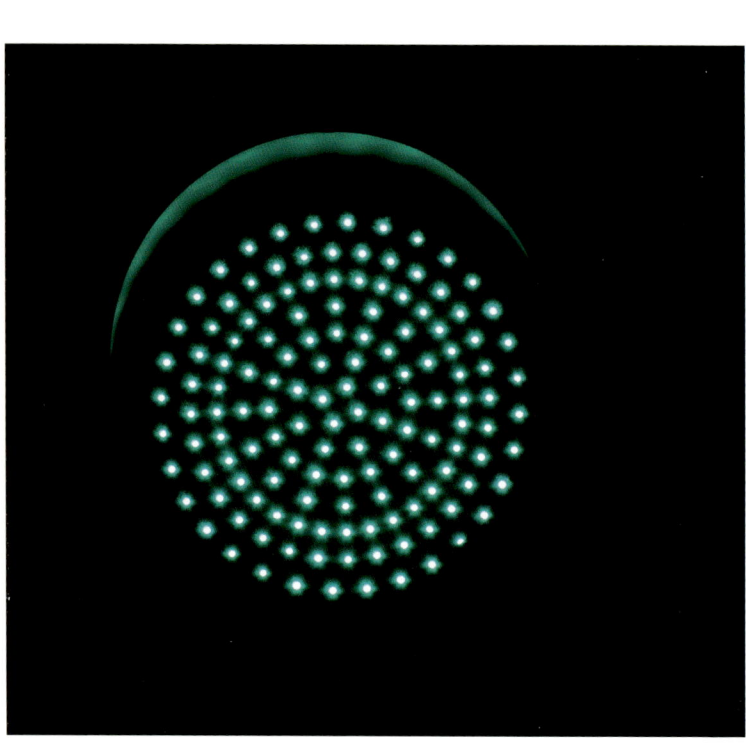

푸른 신호등

막힌 길 여는
도로 위의 등대

가까이 보니 초록 항성
자세히 보니 백마흔 은하

붉은 신호등

멈추면 보인다
멈출 때 아름답다

가까이 보니 따뜻한 화덕
자세히 보니 백서른 불빛

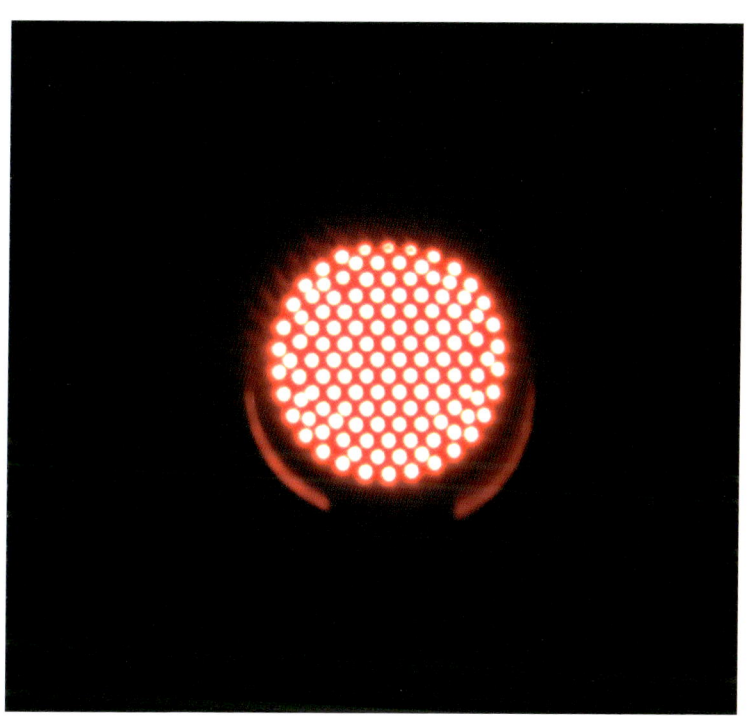

돌의 표정

저마다 무늬를 가지고 있다

똑같은 역사는 하나도 없다

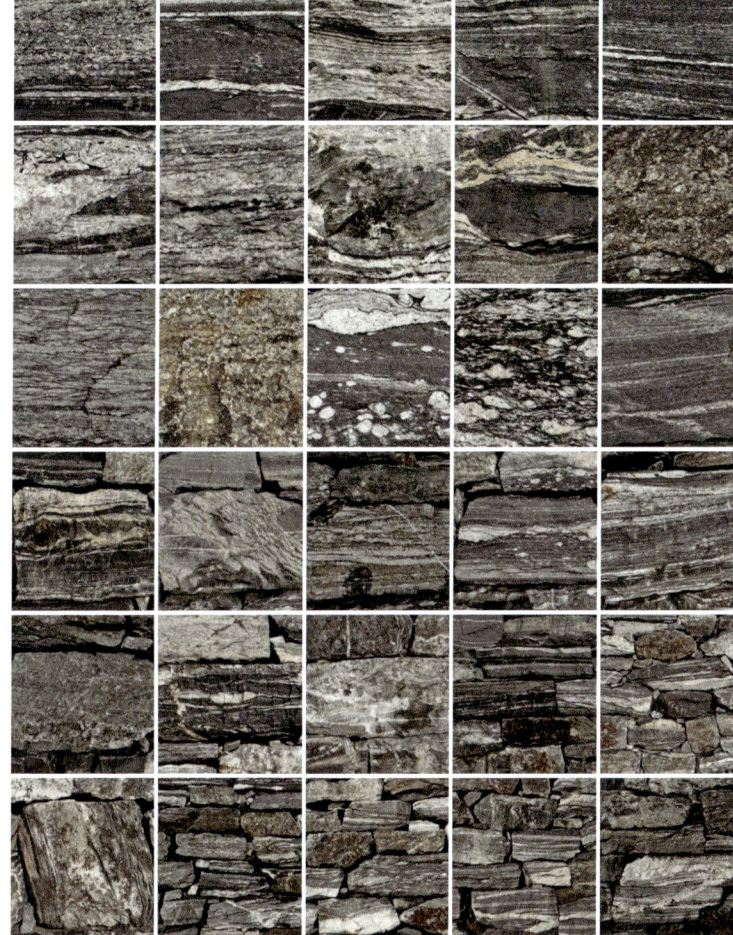

갈매기 영토

거기 내 앉을 자리 있는가
우리 서 있기도 비좁다네

그 철침은 누가 박았는가
우리의 영토 앗아간 이들이지

동행

혼자가 아니다
그림자와 함께 간다
그림자가 없으면
나도 없다

물방울 명상

맑고
투명하게

닿는 데로
흐르는 대로

코스모스 바닷가

저 빛은 어디서 오는가
저 하늘은 끝이 있는가
저 물결은 어째서 쉬지 않는가
나는 어떻게 여기에 서 있는가

봄을 기다리며

얼마나 얼어야 봄이 올까

얼마나 녹아야 봄이 올까

얼마나 견뎌야 봄이 올까

※ 해 설

계절 감각과 활달한 상상력의 대위법
- 이태희 디카시집 『푸른 책에 밑줄 긋다』

김종회(문학평론가, 한국디카시인협회 회장)

1. 이태희의 디카시가 이른 지점

 이태희는 1988년 월간 『동서문학』을 통해 시인으로 문단에 나왔으니, 그 경력이 벌써 37년이다. 2001년에 시집 『오래 익은 사랑』을, 2023년에 디카시집 『꽃트럭』을 상재上梓했고 2017년 『시와 산문』 작품상을 받은 바 있다. 현재 인천대학교 강의 교수로 있으며, 한국디카시인협회의 운영위원이자 기관지 『세계디카시』의 편집위원이기도 하다. 그의 첫 디카시집 『꽃트럭』은 〈애지디카시선〉 제6권으로 나왔고, 자신의 회갑을 기념하여 '스스로 기념품을 만들어보고 싶은 심정'으로 출간했다는 설명이 있다. 그의 디카시는 디카시 일반의 논리에 부합하여 이미지와 텍스트의 결합, 순간 포착, 생명력의 관찰, 절제와 명상 등 여러 요목을 갖추고 있는 교과서처럼 보인다. 이번의 두 번째 디카시집 『푸른 책에 밑줄 긋다』는 매우 특이하게, 네 개의 단락을 각기 사계四季의 풍광으로 묶어 마치 계절 순례 시편이 된 듯하다.

일찍이 캐나다의 문학비평가 노스럽 프라이Northrop Frye는 그의 대표적인 저서 『비평의 해부Anatomy of Criticism』에서, 문학의 구조를 신화적 원형Archetype과 계절의 순환을 바탕으로 체계화했다. 그의 기술에 따르면 봄은 부활과 재생, 여름은 성숙과 완성, 가을을 쇠퇴와 몰락, 그리고 겨울은 정지와 어둠으로 구조화되어 있다. 물론 이 계절의 구분과 의미화가 어느 나라에나 적용되는 절대적인 것이 아니며, 당연히 이태희의 세계에도 그대로 적용되지 않는다. 다만 프라이의 정의대로 '문학은 인간 경험의 상징적 재현'이며 그 중심에 사계절의 자연적 순환이 있다는 논리, 모든 서사는 계절의 변화처럼 반복되는 인간의 삶과 의식의 순환을 반영한다는 논리는 납득할 만하다. 이 논리의 지근거리에 이태희의 시가 있다.

2. 기다림의 봄과 새 관점의 개안

어느 누구의 지각을 빌리더라도 봄은 기다림의 계절이요 순환의 재생,

즉 생명의 고요 속에서 새 탄생을 도모하는 시간이다. 이때의 기다림은 단순한 시작이 아니라 오랜 침묵 끝에 새로운 눈을 열고 새롭게 움을 틔우는 행위에 연동되어 있다. 1부에 수록된 시들은 그렇게 봄을 예비하는 생명들의 몸짓, 그 피어나기 직전의 숨결에 더 큰 방점을 두었다. 그리고 그 시적 의미에 있어서는 늘 겉으로 드러난 현상 아래 잠복한 사태의 본질에 집중한다. 「우듬지」에서 아직 봄빛이 이르기 전의 연약한 가지 우듬지에 내려앉은 새 한 마리의 내면 풍경, 「하늘은 책이다」에서 창공을 배경으로 선명하게 그어진 비행운의 함의 등이 바로 그렇다. 평범하게 보이는 경물로부터 오래되고 웅숭깊은 의미망을 발굴하는 것은 이태희 시의 미덕이다. 이는 또한 이전에 보이지 않던 것을 도출하는 개안開眼의 감각이기도 하다.

꽃인가 나비인가

씨앗인가 열매인가

꿈인가 생시인가

미망의 길 위에
신기루 같은 생

-「장자의 꿈」 전문

얼핏 보기에 그 이름이 잘 납득이 되지 않으나, 단풍나무 사진이다. 시인은 너무 예뻐서 꽃인 줄 알았는데, 확인해 보니 씨앗이었다고 했다. 이 씨앗은 낙하하면 아름다운 비행을 한다는 것이다. 장자의〈호접몽胡蝶夢〉을 환기한 상황이면, 이 씨앗들이 나비의 형용으로 보였다는 것이 아닌가. 미상불 '호접몽'은 동양 철학과 문학에서 매우 상징적이며 깊이 있는 사유思惟를 담고 있는 이야기다. 현실과 꿈의 경계, 주체와 객체의 구분을 허물며 그 사상의 요체인 소요유逍遙遊로 가는 담론이다. 시인은 꽃과 나비, 씨앗과 열매, 꿈과 생시의 구분 또는 접점에 대해 질문하면서 이 모든 언사를 '미망의 길 위에 신기루 같은 생'이라고 호명했다. 작은 사진 한 장에서 많은 생각과 그 깊이를 체현한 시다.

무엇이 우리를 줄 세우는가
우리는 무엇을 기다리는가

떠오르는 해는 하나지만
기다리는 해는 수천수만이다

- 「해를 기다리는 마음」 전문

풍치 수려한 동해안, 강릉 경포 해변의 일출을 포착한 사진이다. 시기가 대한大寒에서 입춘立春으로 가고 있었다니, 진정 봄을 기다리는 계절이다. 떠오르는 해를 기다리고 또 이를 목도目睹한다는 것은, 단순한 자연현상의 관찰을 넘어서 문학적·철학적·심리적 의미를 담고 있는 상징적 행위다. 태양이 수평선 위로 떠오르는 것이 새로운 하루의 출발이며 밤과 낮, 어둠과 빛의 전환을 보여주는 상황이기에 그렇다. 또한 거기에 재생과 희망, 성찰과 명상과 같은 정신적 차원의 의미망이 부가될 수 있다. 시인은 태양의 부상을 앞두고 무엇이 우리를 줄 세우며, 우리는 무엇을 기다리는가를 묻는다. 그 해답은 물론 각자의 심경 가운데 있다. 그러기에 '기다리는 해'는 '수천 수만'이라는 언표言表가 가능한 터이다.

3. 여름 풍경과 그 너머의 진면목

여름은 정열과 성장, 생명력과 충만함 등 여러 이미지를 소환하는 계절이다. 일찍이 A. 카뮈는 『여름』이라는 산문집에서 "겨울 한복판에서 결국 나의 가슴 속에 불굴의 여름이 있음을 안다"고 썼다. 우리는 푸르고 무성한 것, 번영과 성취 등의 어휘에서 자연스럽게 여름을 환기한다. 그러나 이 계절이 쇠락으로 향하는 전환의 문턱이라는 사실 또한 엄연해서, 카메라의 눈이 향하는 곳마다 그 이중적 면모가 숨어 있기도 하다. 2부의 시 가운데 「지리산 고사목」은 자기 세월의 정점을 지나 이미 죽은 몸이지만, 그 내면에 있어서는 '카랑카랑한 정신'으로 백년 천년을 사는 중층적 존재다. 「연꽃을 보다」에서는 연홍색 고운 빛으로 서 있는 '맑고 밝은 한 떨기 꽃'에서, 그 뒤에 잠복한 '불굴의 한 생애'를 유추한다.

막막한 허공을 날아본 적이 있는가
빽빽한 숲을 헤쳐본 적이 있는가
열사의 사막을 횡단한 적이 있는가
망망대해 건너본 적이 있는가

그대 온몸으로 생애를 건너고 있는가

-「비행운」전문

비행운飛行雲, 비행기가 지나가며 남긴 구름이다. 짧은 순간 하늘에 남았다가 곧 사라지는 특성 때문에 기억, 무상無常, 이별, 흔적과 같은 개념을 상징한다. 이는 살아 있는 순간에 대한 명료한 증명이지만, 동시에 곧 사라질 운명의 비극성을 함축한다. 인용의 시에서 시인이 포착한 비행운은, 엷은 황색 배경의 하늘에 진황색 곡선을 그으며 사뭇 장엄하게 펼쳐져 있다. 이 장면을 앞에 두고 시인은 한 묶음의 연속적인 질문을 제기한다. 비행운의 배면에 '막막한 허공'과 '빽빽한 숲'과 '열사의 사막'과 '망망대해'를 두고 이를 넘는 경험을 해 보았느냐는 것이다. 결국 이 드문 하늘의 그림은, 온 몸으로 생애를 건너는 우리 인생의 표상이라는 말이다. 여름날의 하늘에서 수확한 의미심장한 시다.

미상불, 배꼽의 꽃받침도 떨어지지 않았다

이제 너는 풋내를 벗고 향기로워야 한다

〈
햇빛 달빛 건더내고 비바람에 씻거야 한다
무릇 한 시절 그렇게 익어가야 한다

묵언 속에 절차탁마해야 할 나의 다카시!
  -「여름 모과」전문

　대체로 모과는 가을의 열매로 알려져 있다. 그런데 여름 모과라면 그 완숙 이전의 시기, 곧 성숙을 향해 가는 과정과 인내의 시간을 상징적으로 표방한다. 그러기에 이 제목만으로도 우리 삶의 성장기나 인간의 내면적 단련을 은유하는 의미들을 거느릴 수 있다. 주지하다시피 모과는 모양도 탐스럽지 않고 먹기도 어렵지만, 그 향香은 일품이다. 그래서 크게 환영받지 못하면서도 꼭 필요한 요목의 대명사가 되기도 한다. 시인은 모과에게 풋내를 벗고 향기로워질 것을 주문한다. 그렇게 익어가야 한다고 강변剛辯한다. 그리고 문득 '나의 다카시'를 '묵언 속에 절차탁마' 해야 한다고 토로한다. 그는 모과의 인내와 성장에서 자신의 시적 도정道程을 보았다.

4. 성숙한 가을과 삶의 깊은 의미

다시 A. 카뮈의 금언을 이용하면, "가을은 모든 잎이 꽃이 되는 두 번째 봄이다!" 가을이 결실을 뜻하는 바는, 겉으로 드러난 외형적 성취보다 내면에 숨은 본질적인 것의 승급昇級에 더 값을 두는 모양새가 아닐까. 카뮈가 홍엽紅葉과 조락凋落의 계절 초입에 새로운 꽃을 본 것도 그와 다르지 않겠다. 계절을 우리 인생사에 비유하자면, 가을은 중장년을 넘어서는 인생의 완숙기에 해당한다. 그 시기에 세상을 보는 눈은 보다 젊었을 때에 비하여 모양과 태깔이 다를 수밖에 없다. 3부에 수록된 이태희의 시에서 「여명의 시간」은 '눈부시지 않아도 찬란한' 해변 풍경을 보고, 「등축제에서」는 물속에 잠긴 불빛으로부터 '아름다운 혼례'를 연상하고 있다.

봄부터 가을까지 얼마나 흔들렸는가

비와 바람과 햇살과 구름의 세월 지나고

떠나야 할 때 떠나는 것은

얼마나 아름다운가

-「가을이 늙는다」 전문

보도블록 위에 초등학교 어린이 줄을 서듯 늘어선 여러 색깔의 낙엽이다. 낙엽은 한때 생명의 절정이었던 잎이 떨어지는 것이므로, 삶의 덧없음이나 세월의 무상함을 상징한다. 그러기에 가을을 쓸쓸한 계절로 특정하고 이별과 상실, 회한과 그리움의 온갖 정서를 거느릴 수 있다. 사정이 그러하기에 우리는 낙엽에서 자신의 삶을 돌아보고 그 근본을 묻는 성찰의 시간을 갖게 된다. 이태희의 시 또한 그렇다. 봄에서 가을에 이르는 세 계절 동안 흔들리며 감당한, '비와 바람과 햇살과 구름의 세월'에 대한 회억(回憶)이 이 시 가운데 있다. 거기에 이형기의 「낙화」를 원용하여, 때를 알고 떠나는 분별과 절제의 아름다움도 가져다 두었다.

얼마나 많은 붓이 지나야 그림이 완성되는가

얼마나 많은 풍파를 겪어야 꽃으로 피어나는가

- 「붓꽃」 전문

    동양 문화권의 붓은 문방사우文房四友 가운데 하나다. 붓은 글씨나 그림을 그리는 도구이기를 넘어, 문학과 예술의 세계에서는 인간의 정신과 창의력을 대변하는 존재로 승격된다. 그 한 획, 한 점에 쓰는 이의 감정과 숨결이 스며든다. 이는 곧 운용자의 마음을 드러내는 손끝의 영혼이며, 무無에서 유有를 빚어내는 예술혼의 불씨이기도 하다. 시인은 그 붓의 여러 종류가 하나의 통에 담겨 각기의 머리를 내밀고 있는 광경에 대해 '붓통'이 아니라 '붓꽃'이라는 매우 기발한 명호名號를 불러왔다. 거기에는 두 단계의 의미 부여가 있다. 그림이 완성되기까지 얼마나 많은 붓이, 꽃으로 피어나기까지 얼마나 많은 풍파가 소용되는가를 묻는 것이다. 외형과 내면, 현상과 본질의 답안을 한꺼번에 요구하는 시적 질문들이다.

5. 겨울 서정이 남몰래 전하는 말

어느덧 겨울이다. 겨울은 고요한 침묵 속에서 뜻깊은 말을 전할 수 있는 계절이다. 그 말은 어쩌면 선택된 이에게서만 해독이 가능한, 비밀의 언어인지도 모른다. 때로 아무것도 발설하지 않으면서 모든 것을 술회하는, 비움 속의 충일을 도모할 수 있는 절기는 겨울밖에 없을 것이다. 풍성하고 화려했던 모든 것을 떠나보내지만, 그 황량한 토양 속에서 새로운 소망의 봄을 기다리는 형국이니, 겨울의 시편이 자못 더 아름다울 수 있을 터. 이 시집 4부에 실린 겨울 시편들은

이 계절의 미덕을 잘 담아낸다. 「겨울나무」의 창공 속으로 뻗는 '고독의 뿌리'나, 「동행」의 그림자와 함께 가는 '나'의 묘사가 이를 잘 말해준다.

흰 사슴이 없고
조찰한 물이 없어도

향기로운 흙 가슴만으로
너는 장엄하다

- 「백록담에 올라」 전문

한반도 남단 제주도의 해발 1,950m 한라산 백록담 설경이다. 겨울을 표방하기에 이만한 장면이 드물 것이다. 백록담은 그저 있는 화산호, 칼데라호를 넘어서 한국문학과 정신문화 속에서 신성과 깨달음의 장소로 인식된다. 하늘에서 흰 사슴이 내려왔다는 전설이 있어 그 이름을 얻었으니, 천상과 인간계를 잇는 경계로 해석되기도 한다. 시인은 여기에 새로운 해석을 부가하되, 우리 현대 시사(詩史)의 두 중요한 시인을 초치 하여 각기의 역할을 맡겼다. 정지용의 「백록담」에서 '조찰(澡擦)한 물'의 의 의미를, 그리고 신동엽의 「껍데기는 가라」에서 '향기로운 흙 가슴'의 이미지를 차용해 온 것이다. 이미 언술된 이 명구(名句)의 시어 외에, 무슨 형용이 더 필요하겠느냐는 어투다.

얼마나 얼어야 봄이 올까

얼마나 녹아야 봄이 올까

얼마나 견뎌야 봄이 올까
  - 「봄을 기다리며」 전문

엄동설한 눈 덮인 찬 가지에 연초록 움이 돋고 있는 기막힌 풍정風情이다. 시인의 전언에 의하면 2월 하순 서울 남산도서관 앞 청매靑梅다. 시인은 오래전에 펴낸 시집에서 "노래하지 않아도 봄은 온다"라고 언명言明한 적이 있음을 고백했다. 그 봄을 설레는 마음으로 맞고 또 떠나보내며 기다렸다는 실토도 있다. 겨울 너머의 봄에 보내는 온정의 언사는 누구에게나 통용되는 것이지만, 이태희 시인의 감각은 보다 예민하고 특별하다. 얼마나 얼어야, 녹아야, 또 견뎌야 봄이 올까를 채근하는 터이다. 청매가 내포한 청정한 기상과 고결한 영혼, 봄에 대한 설렘과 강렬한 기다림이 겨울에서 봄으로 가는 길목에서 영롱하게 빛나는 시다.

우리는 이제까지 이태희 디카시집 『푸른 책에 밑줄 긋다』에 담겨 있는 60편의 시를 정성 들여 살펴보았다. 이 시인의 디카시는 우선 사물을 감성적으로 포착하는 솜씨가 돋보이고, 거기에 몇 줄의 시행으로 의미의 깊이를 더하는 기량이 놀랍다. 이 지경에 이르기 위해서는 때를 얻든지 못 얻든지, 어느 곳에서나 시인으로서의 오감五感을 열어놓고 있어야 했을 것이다. 항차 네 계절의 경관에 순차적으로 카메라의 렌즈를 가져가기 위해서, 시인은 영일寧日 없이 간단間斷 없이 디카시인으로서의 포즈를 유지해야 했을 터이다. 그런데 이 또한 스스로 선택한 운명의 길이자 그 자신에게 속 깊은 기쁨이 아니었겠는가. 바라기로는 계절의 감각과 활달한 상상력의 대위법을 보여 준 그의 시 세계가 더욱 화명花明하고 유암柳暗하게 전개됨으로써, 우리로 하여금 더 넓고 깊은 감상의 즐거움을 누릴 수 있게 해 주었으면 한다.

이태희 디카시집

푸른 책에 밑줄 긋다

지은이 이태희 초판인쇄 2025년 11월 25일 초판발행 2025년 12월 1일 펴낸곳 도서출판 상상인 편집주간 황정산 펴낸이 진혜진 기획·마케팅 전은빈 최유림 노혜림 정현수 책임교정 오 늘 편집 세종PNP 등록번호 제572-96-00959호 등록일자 2019년 6월 25일 주소 06621 서울시 서초구 서초대로74길 29, 904호 전화번호 02-747-1367, 010-7371-1871 팩스 02-747-1877 전자우편 ssaangin@hanmail.net

ISBN 979-11-7490-030-2 (03810)

값 14,000원

* 이 책은 전부 또는 일부 내용을 재사용하려면 반드시 저작권자와 도서출판 상상인의 동의를 받아야 합니다
* 이 도서의 국립중앙도서관 출판시도서목록(CIP)은 서지정보유통지원시스템 홈페이지(http://seoji.nl.go.kr)와 국가자료공동목록시스템(http://www.nl.go.kr/kolisnet)에서 이용하실 수 있습니다.